작은 딸네집 서재에서 독서

우리 부부 조카딸 결혼식장에서

우리 부부 설악산에서

정기숙 시집

내 삶의 후반전

툴박스

작가의 말

탯줄에 끌려
대지에 떨어진
첫 울음 터트렸던 그날

내 손에 쥐어 준
오른손에 펜을 쥐고
왼 손에 악보를 쥐고

엄마에게 받은
귀한 보물 놓칠세라
꽉 움켜쥔 두 주먹

그 푸른 꿈을 향해
루루 랄랄라 어이 벌써
구십을 바라보는
먼 길 달려온 세월이여

저자 정기숙

《내 삶의 후반전》 추천사

박정근 (문학박사, 대진대 교수 역임, 윌더니스문학 발행인, 평론가)

 정기숙 시인의 시집 원고를 읽으면서 유한적 시간을 살아가는 인간의 비극성이 가슴에 다가왔다. 아마도 인간의 최대의 적은 시간이 아닐 수 없다. 사무엘 베케트는 《고도를 기다리며》에서 등장인물들이 시간에 의해서 파괴되어 가는 모습을 그렸다. 일막에서 위풍당당했던 포조가 이막에서는 시력을 잃어버리고 자신이 부리던 하인 럭키에게 의존하는 모습을 보여준다. 거만한 부르주아 포조도 시간의 힘 앞에 맥없이 무릎을 꿇고 있는 형국이라고 볼 수 있다.

 시간과 가장 긴밀하게 관련된 대표적인 작품은 마르셀 프루스트의 소설 《잃어버린 시간을 찾아서》이다. 작가는 자신의 기억 속에 남아 있는 오래전 유년의 모습들을 정교하게 재현한다. 일상에서 무심히 보고 지나쳤던 일들이 시간이 오래 지난 시점에서 섬세하게 떠오르며 새로운 의미와 감정을 전해준다는 것을 시사한다. 머릿속에 떠오르는 과거의 이미지들이 주인공의 내면적 영혼을 통과하면서 굴절되어 새로운 이미지를 생산한다. 그것들은 과거의 이미지에서 머물지 않고 상상력이 가미되어 기억의 매력이 더해진다. 이러한 기억의 재현이 정기숙 시인의 이번 시집에서 매우 유사하게 작동하고 있음을 본다.

　세상의 모든 사물은 시간의 흐름에 의해 사라지고 인간도 허무하게 죽고 만다. 하지만 프루스트는 그의 작품에서 기억 속에서 살아 있는 환상적 이미지를 되살려 내고 시간의 폭력으로부터 탈출할 수 있다. 이런 상상력으로 지나간 삶의 진실한 가치가 영원성을 획득할 수 있다. 시간에 의해서 망각의 강 저편에 있던 추억이 작가의 상상 속에 부활하는 황홀한 순간을 즐길 수 있는 것이다.

　정기숙 시인은 이번 시집에서 프루스트가 창조했던 잃어버린 시간의 추억들을 촘촘하게 되살려내는 방식을 통해서 시로 재현하였다. 물론 현재 시인이 처해 있는 상황은 시간의 폭력성이 자행하는 고통으로 점철되어 있다. 하지만 시인이 상상력으로 복원한 과거의 이미지들은 아름답고 활력이 넘치는 낙원처럼 가히 낙관적이다. 시인이 재현한 이미지들은 그

저 과거 속으로 사라진 존재가 아니다. 그것들은 현재의 감각과 연결되면서 시인의 구체적 삶으로 침투하여 생명력을 불어넣고 있는 것이다.

정기숙 시인은 팔십대 중반으로 자녀들은 결혼하여 독립해서 분가했고 평생의 동반자인 남편은 저세상으로 떠난 상황이다. 게다가 코로나 팬데믹으로 집에서 홀로 지내야 하는 시대적 증후군으로 고통을 당하고 있다. 행복한 가족이 시간에 의해서 어쩔 수 없이 해체되고 코로나로 인해 사회적 관계마저 단절되는 비극적 환경이다. 시인은 〈외로움의 그 깊이〉에서 고독이 이별보다 더 슬프다고 고백한다. 하지만 그녀는 결코 좌절하지 않는다. 그녀에게는 읽을 수 있는 책이 있고 써야 될 시가 있지 않은가. 그리고 마당에서 꽃을 가꾸는 행위를 통한 자연적 힐링으로 고독을 극복할 강한 의지가 있는 것이다.

하지만 홀로 사는 고령의 시인이 깊은 고독을 극복하는 것은 그리 쉽지 않다. 그녀는 외로운 소쩍새가 되어 슬피 울 수밖에 없다고 〈소쩍새의 울음〉에서 노래한다. 그녀가 노래하는 소쩍새는 유년의 기억 속에 잠재하고 있는 이미지이다. 고향집에 있던 은행나무 가지에서 노래하던 소쩍새가 상상 속에 나타나 고독한 시인의 마음을 재현하는 오브제로 등장한다고 볼 수 있다. 시인은 외로움으로 파생된 슬픔을 감상으로 처리하지 않고 적극적으로 극복하고자 하는 낙관적 자세를 견지한다. 〈거울 속의 내 모습〉은 시간의 폭력에 저항하는 시인의 의지를 밝히고 있다. 육신의 쇠퇴나 슬픈 마음을 감상적으로 방치하면 시는 노인의 푸념으로 전락할 위험이 있다. 하지만 시인은 담대하게 시간의 횡포에 저항하여 스스로 활기를 불어넣는 자기애를 발휘한다. 시인의 자생적 위로는 쓰러질 것 같은 자신을 일으켜 세울 수 있으며 슬픔을 시로 승화시킬 수 있는 것이다.

정기숙 시인의 추억에 자주 등장하는 인물은 그녀가 지극히 사랑했던 남편이다. 그가 떠난 빈자리는 시인을 더욱 외롭게 만들어 현재의 시간을 견디기 힘들게 한다. 〈아련한 추억〉에서 고독한 현재의 시간을 극복하기 위해 과거의 추억 속에 어른거리는 남편을 호출해 낸다. 고독한 시간을 이겨 내기 위해 서로 잊자고 다짐하지만 그것은 더 깊게 사랑하기 위한 전략일 뿐이다. 시인은 〈야속하외다〉에서 꿈에서조차 좀처럼 떠오르지 않는 남편에게 서운함을 토로한다. 그녀에게 환상으로라도 나타나지 않는 남편의 이미지를 목석으로 묘사하며 토라진 심정을 드러낸다. 하지만 그것은 시인의 진심이 아니며 남편을 호출하기 위한 전략이라고 볼 수 있다.

시인은 다시 〈회상〉에서 남편의 부재를 아쉬워하며 쓸쓸함을 호소한다. 나이 구십을 바라보는 현 시점에서 그녀가 할 수 있는 유일한 위안은 그를 회상하는 것이라고 한탄한다. 〈추억 속으로〉에서 재현하는 위로의 기제는 과거에 월급봉투를 받으면서 수고했다고 남편의 등을 두드려 주던 시인의 손길이다. 그것은 외로울 때 애타도록 그리운 구원의 손길이 되어 그녀의 차가운 가슴을 녹여준다. 이처럼 시간에 의해서 파괴된 부부의 행복은 과거의 시간을 호출해서 현재화함으로써 잃어버린 행복을 회복할 수 있는 기제가 된다. 그녀의 구원의 오브제는 분명 남편이며 그는 〈알 수 없는 그 길이〉에서 시간에 의해서 파괴되기는커녕 더 강한 이미지로 재생된다. 저승으로 사라진 남편은 늙은 백로가 되어 그녀의 가슴 속에 출몰한다. 이것은 과거의 이미지가 상상 속에서 굴절되어 새로운 이미지로 발전한다는 것을 보여 주는 것이다.

현재 정기숙 시인이 가장 두려워하는 것은 가족과의 이별이다. 가족은 남편과 함께 창조한 가장 아름다운 관계이기 때문이다. 물론 이미 돌아가신 어머니에 대한 그리움도 못지않게 강하게 나타난다. 하지만 현재의 시간을 공유하고 있는 가족이야말로 그녀의 삶을 둘러싸고 있는 강력한 보호막이 아닐 수 없다. 그들은 고독의 얼음덩어리를 녹여 주기 위해 언제든지 달려와 따뜻한 온기를 채워 준다. 하지만 가족의 행복이 저절로 이루어지지 않으며 서로 안간힘을 쓰며 노력해야 한다고 본다. 〈가족 모임〉과 〈언젠가 어미 모습이 되려니〉는 가족의 사랑과 연대를 아름답게 유지하기를 바라는 시인의 마음을 담고 있다. 그야말로 먼 훗날 어머니가 자식에게 남기고 싶은 유언이나 잠언과 같은 성격의 시라고 볼 수 있다. 시간의 흐름을 막을 수 없기에 언젠가 떠날 시인이 부재한 미래의 시간을 떠올리며 대비하고자 하는 것이다.

미래의 시간에 다가올 자식들과의 이별은 시인에게 최대의 고통으로 여겨진다. 사실 모든 살아있는 것들은 죽음을 피할 수 없다. 그래서 시인은 피할 수 없는 운명을 거부하고자 한다. 그녀는 〈우이동 계곡〉에서 자식들과의 이별을 수용할 수 없다고 선언한다. 마치 눈앞에 신이 존재한다면 자신과 가장 가까운 자식들과 이별할 수 없노라고 떼를 쓰는 듯하다. 어찌 시인이 종국적 이별의 불가피함을 모르겠는가. 하지만 시인은 가슴을 적시는 눈물로 시를 쓰며 슬픔을 달래고 있는 것이다.

〈삼남매 가족들에게〉는 세월의 힘을 막을 수 없는 가족들이 시인과의 이별을 의식하며 위로하는 모습을 재현한다. 오히려 시인은 연민이 담긴 자식들의 위로가 애처롭게 다가온다. 비록 미래 시간에 의해 가족의 유대가 해체될지라도 자식의 사랑이 있기에 인생은 살 만한 가치가 있다는 것을 반증한다. 이

것이 바로 비극의 위대함이 아닐 수 없다. 비록 인간이 생물학적인 한계와 시간의 폭력에 의해 파괴될 수밖에 없는 존재라고 하더라도 사랑이 있기에 실존적 극복의 가능성을 보여줄 수 있다. 아름다운 비극의 주인공은 단연코 사랑의 수호자로서 시인이 될 것이며 그녀의 시를 통해 부활할 수 있는 것이다.

정기숙 시인의 시 〈작은 정원 안의 수다꾼2〉에서 또 하나의 기억물로 아름다운 자연의 초목과 꽃들이 등장한다. 그것들은 독립해서 분가한 가족들을 대신하여 외로운 그녀를 위로해주는 역할을 수행한다. 또한 그것들은 인간의 비극적 유한성을 극복할 수 있는 오브제가 될 수 있다. 자식이 부재한 공간에서 언제든지 정원에서 그녀의 시각 속으로 달려 나와 그녀를 안아주는 존재들이기 때문이다. 그래서 사랑의 오브제들은 프루스트의 추억에 출몰하는 자연의 이미지들과 매우 유사한 시각적 존재라고 볼 수 있다. 비록 그것들이 자식들처럼 위로의 말을 전해주진 않지만 침묵의 소리로 그녀를 위로하고 있는 것이다.

시인은 〈첫눈〉에서 눈과 꽃들의 대비를 이용하여 외로움에 대한 자연물의 위로를 효과적으로 노래한다. 첫눈이 내린 정원이 외로운 사막으로 느껴져 곤혹스러움을 느낀다. 그녀가 사랑하는 정원을 뒤덮은 눈은 초목과 꽃을 찾는 그녀에게 점령군으로 다가올 수 있다. 그렇지만 차가운 눈조차 미처 지배하지 못하는 자연물이 눈에 들어온다. 연보라 국화와 화려한 사철 장미꽃이 만개한 채 버티고 있지 않은가. 그것들은 신이 창조한 최고의 미적 존재가 아닐 수 없다, 특히 삭막해진 세상에 위로의 빛을 던져주는 오브제로 움츠러드는 시인의 마음을 열어준다. 이처럼 카오스의 세계가 인간을 억압한다고 하더라도 시인은 끝까지 구원의 가능성을 포기하지 않는다. 그녀의 상상 속에 저장되어 있는 꽃의 이미지들이 아름다운 시어로 재탄생하는 한 희망의 끈은 여전히 존재하고 있는 것이다.

이번 시집에서 정기숙 시인이 소외와 고립에서 오는 어려움을 심도 있게 시를 통해 호소한 것은 사실이다. 그래서 작품에서 슬픔과 애절함이 곳곳에서 묻어나오고 있다. 하지만 시인은 삶의 감상성을 극복하기 위해 인생 후반전에 대한 만반의 다짐을 마다하지 않는다. 고령이라고 사회와 가족의 뒷전에서 신세한탄이나 하는 패배주의자로 전락하지 않겠다는 결의를 보여주고자 하는 것이다. 〈내 삶의 후반전〉에서 시인은 멋진 어머니와 할머니로서 역할을 하려고 노력하고 늙어가는 육신도 긍정적으로 사랑하겠다고 약속한다. 그리고 〈이만하면〉에서는 긍정적 마인드를 가질 수 있는 삶의 철학을 밝힌다. 그것은 불교적 가치인 빈 마음을 강조한다. 살만큼 살아온 고령의 시인이 마음에서 일어나는 고뇌를 해결할 수 있는 가장 최선의 전략은 세속적 욕망을 버리는 것이라는 깨달음에서 가능하기 때문이다. 현재의 시간에 미약한 존재로 존재하는 것조차 감사하는 마음을 가지라는 것이다.

시인이 삶의 긍정성을 저절로 성취할 수 있는 것은 아니다. 사실 그녀는 고령에다가 육신은 지속적으로 쇠퇴하고 있다. 게다가 시인 스스로 독립적인 생활을 영위해 가야 한다. 물론 자식들이 자주 찾아와 돌본다고 해도 생의 의지를 건강하게 유지하는 것은 쉽지 않다. 금방 주저앉을 것 같은 신체적 위기를 자주 느끼는 상황을 접하는 것을 〈마지막 용기〉에서 토로한다. 그녀는 인생의 마지막까지 포기하지 않고 완주하겠다는 결의를 보여 주려는 의지를 밝힌다. 인생의 마지막 여정을 가고 있다는 것을 알지만 마지막 결승선 앞에서 주저하는 것은 비극적 영웅의 자질을 훼손할 수 있을 것이다.

비극적인 세계에서 삶의 긍정성을 얻기 위해 희극적 제스처를 취하는 것은 우스꽝스러울 수 있다. 〈인생살이의 터널〉에서 시인은 암울해진 기분을 풀어내기 위해 혼자 둑길을 걷거나 고성으로 노래를 한다. 고령의 노인이 몸에 엔돌핀이 돌도록 희극적 제스처를 취하는 것은 가히 블랙코미디가 아닐 수 없다. 독자들의 시각에서 인위적으로 활기를 유지하려는 시인의 모습이 우스꽝스럽게 보일 수도 있다. 이것이 바로 우리가 살아가는 세계의 아이러니라고 해석할 수 있으리라. 시인은 〈장수(長壽)〉에서 강한 생의 의지를 밝히고 있다. 삶의 괴로움을 겪으면서도 염세주의적 자세를 거부한다. 흔히 노인들이 삶의 고통 때문에 죽고 싶다고 푸념하는 행위와는 매우 거리가 멀게 보인다.

  이 시집이 보여 주는 문학적 가치는 특수한 상황에 놓여 있는 노시인이 생의 마지막 단계에서 다각적 인간관계를 독창적으로 조망하는데 있다고 할 수 있다. 정기숙 시인이 처해 있는 실존적 상황을 배경으로 그녀의 솔직한 생각과 느낌을 시로 담아냈다는 것은 매우 독특한 시어와 시적 상황을 창조했다고 볼 수 있다. 아무쪼록 시인의 생명이 다할 때까지 이와 같은 진솔한 시작업이 지속되기를 바랄 뿐이다.

차례

작가의 말 · 2
《내 삶의 후반전》 추천사 - 박정근 · 4

1부
내 삶의 후반전

내 삶의 후반전 · 20
연둣빛의 오월 · 22
그곳에 가면 · 23
추억 속으로 · 25
거울 속의 내 모습 · 27
매화꽃 · 29
창문 밖에 낙엽 · 30
알 수 없는 그 길 · 31
어느 봄날 · 32
내 고향 두메산골 · 34
작은 정원 안에 수다꾼2 · 36
파리의 넋두리 · 40
가을의 향기 · 42
늦가을의 산책길 · 43
따오기의 비상 · 44
솔밭에서 · 45
눈길을 걸으며 · 46
첫눈 · 47
가을 추수 · 49
봄나들이 · 51
초안산(도봉문학 기행) · 53
노인과 늙은 소의 눈물 · 55

2부

친구여

친구여 · 58
우산 속의 여인 · 60
양난과 할머니 · 61
소쩍새의 울음 · 62
사철 장미 · 64
이만하면 · 66
라이벌 · 67
야속하외다 · 69
장수(長壽) · 71
만남 · 73
나의 인복인가? · 75
한가위 달맞이 · 77
후배의 전화받던 날 · 80
코로나19 바이러스 · 82
공포 · 84
음악의 열풍 · 85
영화 '기생충' · 87
경자년을 맞이하며 · 88
남을 헐뜯는 일 · 90
시화전(도봉문협주간) · 92
김순임 여사님의 부음 소식 · 94
회상 · 98

3부

천륜의 모정

천륜의 모정 · 102
거울 속의 내 모습 · 104
어머님의 옛 모습 · 106
우이동 계곡 · 107
서럽던 달 밝은 밤 · 109
책을 버리다 · 110
우리집 家訓(가훈) · 112
판교 산책길 · 113
착한 부부 · 116
어느 봄날2 · 118
삼남매의 깜짝 쇼 · 120
전화 대화 · 123
4주기 · 125
아련한 추억 · 127
가족 모임 · 129
언젠가 어미 모습이 되려니 · 130
아~ 자식이 뭐길래? · 132
부산 나들이 · 134
따듯한 손길 · 136
새 생명을 얻다 · 138
코로나19 팬데믹 · 140
부처님 오신 날 · 142

4부

우산 속의 여인

당신의 일기장 · 146
내 탓으로 돌리기 · 148
야속한 세월아 · 150
마지막 용기 · 152
지하철 · 153
많이 걸어온 세월 · 155
따끈한 찻잔 · 157
내 맘 나도 몰라 · 159
3주기 · 160
아름다운 노을 · 162
홀로의 길 · 164
아들의 인생 2막 · 165
외로움의 그 깊이 · 166
삼 년이란 세월 · 168
복동이 · 170
인생살이의 터널 · 172
노년의 삶 · 174
가을 나들이 · 176
나의 인생살이 · 178
마지막 인생길 · 180
삼남매 가족들에게 · 181

5부

가족의 글

나이가 들어가니 - 최성주 · 184
멋진 인생 - 박성근 · 186
더 건강하고 행복하세요 - 최성희 · 188
초보 늙어가는 세대의 신호등 - 김진태 · 190
엄마의 일곱 번째 책 출간 - 최성현 · 192
일곱 번째 책 출간을 축하드립니다 - 김현영 · 194

1부 내 삶의 후반전

2019년 큰사위와 함께 고산 미소 한우 음식점에서

내 삶의 후반전

어이 벌써 꼬부라진
할미꽃 신세가 되었네
그러나 슬퍼하지 않으리
내 삶의 훈장이라 할까

단 한 번뿐인 인생살이
이제 짧은 후반전의 내 삶
소외감에 젖어 들지 않는
건강한 정신 그런 삶 살고파

나 당당한 멋진 엄마로
나 당당한 멋진 할미로
더욱 노력해야 되겠지
남은 세월 멋지게 살고파

후반전 내 인생살이

꼿꼿한 맑은 정신으로
알차게 멋지게 살고파라
나의 간절한 소망을

2022년 3월 17일(목)

연둣빛의 오월

두터운 옷
한 겹 두 겹 벗어 버린 오월
여인네들 맵시 자랑 팔랑대는
봄바람의 여인들

쑥을 뜯는 허리 굽은 저 노파
청승맞게 흥얼대는 콧노래
앞치마 자락에 펼쳐진 쑥부쟁이
향긋한 쑥 향기 코끝을 스친다

푸른 숲속에 무슨 사연 있기에
계속 울어대는 저 꿩 한 마리
나도 따라 울었다네

2021년 5월

그곳에 가면

유유히 흘러가는 저 구름 아래
그윽한 첩첩산중에
하늘이 감춘 저 소박한 암자

그 안에 살림 도구 전혀 없는
자급자족하는 삶이 행복하다고
삼 개월이 지나니
자연히 적응이 되더라고

깊은 산속 인가가 전혀 없는
어둠 속에 풀벌레들의
애잔한 울음소리뿐
오직 수행의 길만을 고집하는
그 삶이 행복하다고

홀로 외로운 삶을 살아가는

그 생애에 익숙해지니
행복이 조용히 깃들더라고

나 홀로 웃고 있는 내 모습을
하늘에 달과 별은 알 것이라고
허리 굽은 늙은 남자의 허허로운 웃음
소박한 암자의 스님의 말씀이어라

2021년 6월 7일(월)

추억 속으로

여보, 생각나오?
당신 출근 시간에 항상 참빗으로 머리 빗겨 주며
노래 두 곡을 선물해 주던 아내
거울 속으로 훔쳐본 당신의 흐뭇한 미소
더욱 뽐내며 내뿜었던 고음의 발성 두 곡

여보, 생각나오?
당신이 내 손에 쥐어 준 월급봉투 받을 때
수고 많았다고 포옹하며 등 두들겨 주던 아내
역시 흐뭇한 미소의 당신이었지요
이제 와서 되돌아보니 그 시절 참 그리워지네요
여보, 왜 말이 없소 말 좀 해봐요 응!

아~ 우리의 인생 그렇게 흘러 예까지 왔는데
어느덧 고령이 되어 비실대는 내 육신
이제 홀로의 내 삶 너무도 쓸쓸하고

그리움에 젖은 2년 4개월의 세월

씩씩하게 살아갈 것을 다짐해 보지만
역시 외로움 고독은 필수
밤하늘에 쏟아지는 저 별빛을 바라보며
조용히 눈을 감은 채 추억 속으로 사르르

                                        2020년 7월 20일(일)

거울 속의 내 모습

무더운 여름철의 오후
이리 뒤척 저리 뒤척
엉금엉금 거울 앞에 다가앉아
물끄러미 내 모습을 바라본다
헝클어진 백발에 침침한 눈망울
휘어진 자라목에
쭈글쭈글 잔주름 퇴색된 얼굴빛

정기숙 이제 많이 변했구나
그러나 슬퍼하지 않을 거야
87년 세파 속에 부딪치며 살아온 훈장!
그래, 모습은 혐오스럽게 변했으나

나 아직 거울 보기 좋아하며
나 아직 혼자 거닐 수 있고
나 아직 내 손으로 생활할 수 있고

나 아직 글을 쓰며 교정하기를 즐기며
나 아직 책을 접하며 살아가는 내 노년
나 아직 정신 건강함에 대견하다 할까 고맙다 할까

아~ 이제 볼품없이 변해 버린 내 육신
더욱 토닥토닥 살살 달래며 사랑할 거야
많이 지친 자신을 슬퍼하기보다
자신에게 위로를 이만하면 OK!
괜찮아 나 아직 괜찮아 어느새 눈가에 이슬이

2021년 7월 28일

매화꽃

꽃샘추위에
흰 깃털 헤집고
몽실몽실 피어오른
흰 매화 꽃댕기

코끝에 맴도는
향긋한 너만의 향기
청순함이 묻어나는
순백의 매화꽃

곱디고운 네 모습에
황홀했다네

2020년 3월

창문 밖에 낙엽

앞베란다 창문 밖에
울창하게 펼쳐진
황금빛의 낙엽들의 풍경

회오리바람에
푸른 하늘로 훨훨 날으는
저 신비로운 낙엽의 율동

거실 소파에 앉아
낙엽들의 멋진 재롱에
나도 가을 단풍놀이에
흠뻑 젖어들었다네

2021년 11월

알 수 없는 그 길

오십오 년 함께 했던 세월
늙은 흰 백로는
어디로 날아갔을까

먼 하늘 바라보는 허망함이여
한숨 토해 내는
절절한 그리움이여

추위에 떨고 있지나 않는지
잠자리는 편안하온지
가족들 그리움에 울지는 않는지

시간이 흐를수록
더욱 생각나는 늙은 백로
어느 방향으로 날아갔을까

2020년 겨울

어느 봄날

그래요 나는 도봉이 좋아
오랜 세월 도봉에 산다오

산수가 수려한 도봉
춥도 덥도 않은
어느 화창한 봄날

화사한 등산복 차림에
예쁜 꽃길 걸으며
맑은 공기 후룩후룩
물 반 바가지 벌컥벌컥

시 한 편 읊고 나니
헉헉대던 가슴속
봄물 터지는 소리

꾸르륵꾸르륵
쪼르륵쪼르륵
역시 상쾌한 봄의 계절

                                       2017년 3월

내 고향 두메산골

칠십 년 전 두메산골 초가 50채
아름드리 은행나무 아래
깊은 우물 두레박으로 퍼 올리던
땀방울 날려 보내는 물 한 바가지
지나는 길손들이 모여 앉아
시원하게 목선 적시던 쉼터

아직도 우람한 은행나무
그곳에 자리 지키고 있는지
아니면 늙어 생을 마감했는지
그 옛날에 본 은행나무
고향은 어머니의 얼굴이라 했던가
단아한 맵시의 울 엄마

촉촉이 내리는 이슬비를 맞으며
콩밭 매시던 울 엄마의 호미 자루

무명 흰 앞치마 자락에
무명 흰 수건을 쓰시고 황토 흙이 묻은
뙤약볕은 힘들다고 이슬비 맞으며
콩밭에 풀 뽑기를 즐기시던 울 엄마

백발의 늙은 딸 엄마 모습 그려 보며
뜨거워진 눈물 앞자락을 적시는
그 언젠가는 엄마 곁으로 다가서게 될
목 놓아 불러 본 그 이름
엄마 엄마 울 엄마 보고파요 보고파
울 엄마 사랑해요 영원히 사랑할 겁니다

2021년 12월 27일(월)

작은 정원 안에 수다꾼2

새벽 눈을 비비며
작은 정원 안에 들어선 할미
와우 우리 예쁜 꽃님네들
잠 잘 잤나?

행여 질투할세라
밝은 미소로 차례대로
눈도장 찍어대는 할미
울긋불긋 오색 색깔 화려한
아름다운 사철 장미꽃들

"장미의 한마디"
할머니 저희들 아름다운 모습에
할아버지 그리움도 잊게 되시죠?

"양난의 한마디"

무슨 소리 뭐니뭐니 해도
할머니는 해맑은
진분홍 양난 꽃을 더욱 사랑한다고

"칼멘의 한마디"
아냐 할머니는 꽃이라면
무조건 다 아름답게 보이는
눈을 가졌어 이러쿵저러쿵 하지마

"돌단풍의 한마디"
할머니의 규칙적 생활
매일 시 한 편 낭독과
고음의 발성으로 토해 내는
그 노래 그 열정
우리는 뜨거운 박수를

"수국의 한마디"
할머니의 꽃 사랑은 정말 놀라워
매일 새벽 잠자리에서 일어나면
우선 우리 곁으로 다가서는
해맑은 미소로 다독다독 토닥토닥

"산세베리아의 한마디"
그 무엇보다 고령에
비실대는 부진한 기력으로
홀로 생활해 가며
우리들의 배를 채워 주는
조금도 착오 없이 꾸준한 보살핌

"칼멘의 한마디"
할머니와 인연이 제일 깊은 나
나날이 쇠약해지는 할머니의 건강
많이 안타깝다네 언젠가는
우리 곁을 떠난다면

우리들의 생명은 어찌 되려나?
우리 모두 할머니의 건강을 빌자고

"국화의 한마디"
오늘날 우리들에게
깔끔한 멋진 자태로 잘 키워 준
우리 설무 할머니에게
감사함을 전하자고

그래, 내 노년에 자식과 같은
내 삶 송두리째 잘 알고 있는
함께 살아온 초목과 꽃들

고령에 홀로의 길
나의 외로움 고독을 달래 주는
작은 정원 안에 벗들에게
고마움을 전한다네 사랑해요

2021년 4월 18일(일)

파리의 넋두리

집안 전체가 미끄러워
먹잇감 찾을 수가 없네
발걸음 옮기자니
가랑이가 찢어질 지경

허기진 배고픔
누가 내 설움 알려나

때론 왱왱 설움 토해 내자
회초리 휘두르는
유난히 깔끔 떠는
중년의 미운 저 남자

아니 이 집에 머물다간
굶어 죽겠네 그래 떠나자
번거로운 힘든 이사

또 할 수밖에 없네그려 쯔쯔!

왱왱 왕파리의 넋두리어라

               2021년 무더운 여름

가을의 향기

드높은 푸른 하늘 아래
가을의 향기 듬뿍

내게 손을 내민다
이 좋은 계절
놓치지 말라고

책 한 권 들고 나와
들국화 향기 가득한
공원 벤치에 앉아

독서를 하라고
나를 꼬드기는
풍성한 가을의 향기

늦가을의 산책 길

추적추적 가을비를 맞으며
비실대는 산책길에 나섰다
옷깃을 여미는 쌀쌀한 날씨

문득 가던 발길 멈춰진
행여 그 양반 추위에
비를 맞지나 않는지
허공을 두리번대는 노파

허한 맘 달래고자
정자에 걸터앉아 고음 발성으로
뜨거운 긴 한숨 토해 내는

이 애절한 그리움
눈물 비에 씻어 보내리
흐르는 눈물 비에 씻어 보내리

2021년 11월

따오기의 비상

따오기의 힘찬 날갯짓
나도 따라 훨훨
창공을 날으네

따오기의 짧은 다리
긴 부리로 깊은 물속의
먹잇감 콕콕
힘차게 물어 꿀꺽꿀꺽

배가 불렀나
또다시 날개 펴고 훨훨
따오기야 힘찬 날갯짓
어디로 향하느냐

따오기야 나와 함께
내 손을 잡고
하늘 높이 훨훨 날으자

2020년 1월 1일(수)

솔밭에서

해종일 솔밭에
비둘기 한 마리
꾸룩꾸룩 울부짖는
누구를 부르는고

서산에 기운 노파
꾸룩대는 울음에
비둘기 울듯이
덩달아 울고 있네

숲속에 외로이 잠자던
꿩 한 마리
푸드득 푸드득
훨훨 날아가네

2020년 3월

눈길을 걸으며

온 천지가 눈에 뒤덮인
흰 눈이 소복이 내리고 있네

무작정 길을 나섰네
뽀드득 뽀드득 눈길을 걸으며
허공에 불러본 그 이름 님이여

촉촉해진 내 눈망울
가슴에 맺힌 설움 안고
하염없이 눈길을 걸었네

2018년 12월 13일(목)

첫눈

밤새 소복이 쌓인 눈을 보며
문득 떠오르는
허허벌판 사막에 나 홀로 앉아 있는 듯
왈칵 외로움이 밀려와
작은 정원 안에 흐드러지게 만개한
연보라 국화꽃 울긋불긋 화려한
사철 장미꽃을 보며 외로움을 달랬네

그래, 너희들은 나의 보배야
예쁜 너희들 모습에 우울함 떨쳐 버렸네
행여 예쁜 꽃들이 추위에 떨세라
꽃가지 뚝뚝 꺾어
화병에 꽂꽂이하며 토해 낸
김재호 작사/ 이수인 작곡
"고향의 노래"

아름다운 선율
어느새 집안 곳곳에 가득
항상 슬픔을 독서 아니면
음악으로 다스리는 나의 습관

        2020년 12월 13일(일) 첫눈 내리던 날

가을 추수

사랑하는 치자나무 우리의 인연 손꼽아 보니
어느새 35년이란 세월이 흘렀네
너의 지난 세월 돌이켜 보렴
몹쓸 놈의 피부병 장장 20년 동안
세련된 네 몸매 또한 고운 피부에 온통 흉터투성이
피부병에 시달렸던 너의 모습 얼마나 가엾던지
너의 건강 찾으려고 수많은 치료를 받았으나
번번이 기대에 못 미쳐 신경 날카로워졌던 지난 세월

이제 지칠 대로 지친 우리 부부
어느 날 농도 높은 농약 치료에 매진
깔딱대던 너의 숨결 행여 놓칠세라 애태웠던
아~ 지성이면 감천이라 했던가
그 후 강도 높은 농약의 효능으로
네 몸에 병균을 떨쳐 버렸던 그날
얼마나 기뻤던지 우리 부부 만세 삼창을

몸에 병균이 없어지니 건강이 회복되어
그해부터 푸른 새싹 돋아 너울너울 잉태까지 했다네
5월 중순쯤 푸른 잎 사이에 백옥 같은 흰 꽃이
나풀나풀 소복이 피어 꽃향기 집안에 가득하니
우리 부부 황홀했다 할까

예쁜 흰 꽃이 떨어지며 푸른 애기 치자열매 대롱대롱
드디어 37자매가 탄생 경사났네 경사났어
날이 갈수록 붉은 빛으로
탱탱하게 여물어가는 네 모습에 반해 버렸다네
드디어 빨갛게 무르익은 치자 추수하는 날
콧노래 흥얼흥얼 한 알 뚝 따 실에 꿰고 또 꿰어
날씬한 푸른 치자나무가지에 빨간 목걸이
상큼하게 달아 준
우리 부부만의 가을 추수 기쁨이어라

2007년 11월 가을 치자 추수

봄나들이

상큼한 향긋한 봄 향기
아름다운 계절의 여왕 오월
맑은 햇살 연둣빛 팔랑대는
대자연의 기를 받아

바이네르 김원길 회장님의
교장직 초대로 박교장 따라
넓은 홀 안에 들어선 우리

세련미 갖춰진 가수들
싱그러운 멋진 발성에
절로 신명나는 분위기였네

김원길 회장님의 독창
우리도 함께 신나게
목청 높여 토해 냈던 힐링

점심 대접도 받고
어디 그뿐인가 멋진 빽
바이네르 온열패치 천일염 주사기

우리의
건강까지 챙겨 주신 회장님
고마운 맘으로 돌아선
알찬 행복한 봄나들이었네

2022년 5월

초안산 (도봉문학 기행)

초여름의 맑은 햇살
초안 산자락 숲 속에
옹기종기 모여든 반가운 얼굴들

코로나19 확진으로
오랜만에 만남의 기쁨
따듯한 미소에
반가움 토해 내는 문우님들

시 한 편씩 낭송하는
때론 슬픔이 때론 그리움이
동반되는 시의 노래
시원한 숲속 바람 스쳐지는 힐링

어느새 서산에 기운 노을
헤어지기 아쉬운 듯

초안산 숲속 맑은 공기
한아름씩 안고 돌아서는 문우님들

이제 언제쯤 마스크를 벗고
시낭송을 하게 되려나?

2021년 6월 19일(토)

노인과 늙은 소의 눈물

누런 황금색의 늙은 소
힘겨운 발걸음 비틀비틀
소의 수명 십오 년이거늘
사십 년이 되어 버린 늙은 소

삼십 년을 함께 살아온 세월
소의 기력 기진맥진한
큰 눈망울 그렁그렁 슬픔에 젖은
생의 끝자락에 함께 하는
노인과 늙은 소

소를 팔려고 시장에 가려는데
일어서지도 못하는 소의 기력
이제 두 늙은 생애
멍하니 서로 바라보며 아쉬운 듯
눈물을 주르륵 흘리고 있네

그 모습 너무나 안타까워
팔십 중반 여인의 촉촉해진 눈시울

2020년 9월 20일

2부 친구여

작은 딸네 가족 하와이 여행지에서

친구여

나를
진정 아끼고 사랑해 주던
내 몸 시들어 갈 때
단비를 내려 준 그녀

위 수술 후
쓰대 쓴 내 입맛을
촉촉하게 돌려준 그의 정성
그러나 안타깝게도
잠시 다녀온다며
미국으로 떠나 버린 그녀

그녀의 귀국길을
손꼽아 기다리고 있는
내 사랑하는 친구여
그녀의 아름다운 고음 성악 발성

하모니 이루었던 추억들
잊지 못할 내 친구여

드높은 가을 하늘 바라보며
허한 맘 달래 보는
민회식 선배! 어서 돌아오시오
목마르게 기다리는 친구여

2008년 10월 24일(금)

우산 속의 여인

문득! 허망함에 젖어든
초여름의 오후
촉촉이 내리는 이슬비

우산 받쳐 허망함 떨치려고
공원 막에 들어섰네
푸른 숲속의 싱그러운 풍경들
턱을 받쳐 긴 한숨 토해 내는

다시 우산을 받쳐든 채
비실비실 발걸음 침침한 눈망울
행여 누가 볼세라 사방을 살피는
작아지는 자신이 밉다 하리

빗물 눈물 섞인 물줄기
차분히 볼에 내리는
내 안에 허망함 씻어 내리리

2021년 6월 어느 날

양난과 할머니

피어난 지 1년이 지난
양난 한 송이 윙크 살짝
할머니의 외로움 때문에
차마 훌쩍 떠날 수 없다고

행여 밤새 툭 떨어졌을까 싶어
새벽 눈을 비비며
너를 향하는 할멈의 발길
배시시 미소 짓는 네 모습
보드라운 네 볼에 뽀뽀를

주름진 할미 얼굴
애잔하게 바라보는
진분홍 꽃잎에 노란 꽃술
활력소 폴폴 날려 주던
예쁜 양난 꽃 한 송이

2013년 4월

소쩍새의 울음

칠십 년 전 산골 마을의 풍경
달 밝은 가을 밤
은행나무 가지에 홀로 앉아
슬피 울어대던 소쩍새

등잔불 밑에서 공부하던 소녀
너의 애잔한 울음소리에
덩달아 흐느꼈던
저~ 소쩍새 울음소리
소 쩍쩍 소 쩍쩍!

내 가슴 젖어드는 저 울음
외로움에 옷깃을 적시는
고독의 베갯잇을 적시는

아직 그곳 은행나무에 앉아

고독에 젖어 울고 있는지
그 시절 손짓을 하네
소 쩍쩍 소 쩍쩍!

                                        2021년 9월 5일(일)

사철 장미

비바람 모진 엄동설한
그 겨울을 이겨내고
어느새 꽃망울 터트리는
삼박한 예쁜 사철 장미꽃
눈부신 꽃님네들 반가위

따끈한 찻잔을 들고
한 모금 또 한 모금
차 맛을 음미하며
사랑의 꽃잎을 어루만지는
애잔한 눈빛으로 속삭이는
그래 꽃잎네들 장하구나

산실 속에 그 고통을
조금도 힘든 내색 없이
조용히 이겨낸 장함을

홀로!
고독을 다독이며 살아가는 내게
기쁨을 한아름 안겨 준
작은 정원 안에 꽃님들에게
뜨거운 박수를 보내는 노파

                                      2020년 12월

이만하면

비실대는 고령의 삶을 접하며
덤으로 살아가는 내 인생
부질없는 욕심을 버리자고
매사 긍정의 마인드로 살고파
내게 주어진 운명
크고 작은 일에 그저 감사하자고

개똥밭에 굴러도
이승이 좋다하지 않던가
아직 걸어 다닐 수 있고
아직 맑은 정신으로 글을 쓰며
아직 책을 접하며 살아가는

이만하면 소박한 호사를 누리는
내 노년의 삶이라고
너그럽게 자신을 토닥토닥
한 여인의 노래인 것을

2021년 6월 4일(금)

라이벌

라이벌이란?
나를 성장시키는
파트너가 될 수도 있다고
라이벌이 없다면
성장할 수 없다고

좋은 만남 좋은 인연
그러나 언젠가는
헤어질 수도 있다고
인생의 삶 자체가
오르막 내리막이 있는 것이라고

고귀한 인격을
바닥을 치는 일도 있다고
소중한 인연 돌아섰다 하여
그 인연을 비방하지 말라고

인간이란

관계 속에 파도를 타며

살아간다고

                                    2020년 초봄

야속하외다

그대여 떠나 버린 세월
그립지도 아니하던가
거의 사 년이란 세월이 흘러도
아무 소식 없는

꿈에라도 비쳐 주면 좋으련만
목석같은 그 사내
오십 오년의 세월을 잊었는가
야속하외다

저 푸른 청보리밭
싱그러운 물결 헤치며
종달새들 지지배배 재잘대는
나도 따라 명쾌한 노래를 부르자

오월의 저 높은 곳을 향해

하늘 높이 훨훨

그대 야속함 날려 보내리

                                      2021년 5월 25일

장수(長壽)

그래요 내 운명에 주어진
장수를 누리며 살아가는
나 이렇게 오래 살 줄 정말 몰랐다오

짧은 운명이라 했거늘
팔십 중반이 넘은 오늘날의
그저 감사하다 할까 고맙다 할까
노년의 삶이 괴로움도 있지만
그래도 죽고 싶은 생각은 없다오

아직 외출할 때면 화장하기를 즐기며
막내 사위에게 받은
디올(Dior)향수를 살짝 뿌리는 노파
나 아직 먼 길 떠나고 싶지 않다오

아~ 욕심일까? 집착일까?

아직이란 끈질긴 단어가
내 안에 꿈틀댐을 난들 어쩌겠소

그러나 감히 낯선 그 길 거역할 수 없는
언젠가 나 그들에게 필요할 시
겸손한 자세로 뒤따라 나설 것을

2021년 6월

만남

우리의 만남 이웃사촌
우리들 삶의 소풍에서
오십 대에 만남이었소

김 여인과 나는 취미가 같은
이리저리 발품 팔았던 성악 발성
꿈같은 그 시절 몹시 그립구려

이제 팔십 중반 백발의 할멈
서로 늙음에 설움들을
다독여 주는 우리 사이
코로나19로 인해 방콕 수개월째

그래도 우리는 매일 오후 6시에 만나
서로 의지하며
공원 산책 막에 앉아

지난 달콤했던 추억 캐내기

역시 음악 발성 누가 들을세라
조심스럽게 주변을 살피며
내뿜는 또한 힐링을 ㅎㅎ

수십 년 세월
함께 늙어 가는 우리의 인연
과연 우리의 삶은
언제까지 이어지려나?

2020년 8월 14일(금)

나의 인복인가?

한 라인의 마주 보는 707호
우리의 인연 14년의 긴 세월

쓸모없는 부족함이 많은
이 늙은이에게 자식 못지않게
과분한 사랑을

신뢰의 올곧은
인성 고운 천사표
전정준, 최유정 부부

그대들 옆에 있기에
나 외로움 허전함 없이
든든한 삶 살아가고 있다오

긴 세월 한결같이

변함없는 깊은 사랑 고맙구려
고마워요 사랑합니다

            2021년 4월

한가위 달맞이

어둑어둑 밤거리를 달리는 한가위
뜻밖에 뚝섬 한강으로 안내하는
박성근 최성희 부부
한강 벤치에 자리한
아름다운 오색등불 깜박이며
남실대는 물결의 화려한 한강의 풍경

새삼 떠오르는
육십 년 전 싱그럽던 젊은 날의
추억들이 화려하게 펼쳐지네
여름이 오면 친구들과
한강으로 수영을 자주 다녔던
오정환 오승용 성우들에게
맛있는 짜장면을 얻어먹었던 우리
그 추억들이 손짓을 하네

너희는 어미 맘 모르리
밤하늘의 저 둥근 보름달은
숙연해진 어미 맘 헤아린 듯
더욱 밝은 빛으로 나를 감싸주고 있네
나는 달님에게 소원을 빌었지
달님, 가보지 않던 낯선 길을 달리고 있는
어수선한 한국 사회
부디 평화로운 건강한 한국 사회가 되어 달라고

쌀쌀한 날씨에 맛있는 양념치킨을 들며
행여 감기 들세라
코트를 벗어 다독여 주는 큰 사위
행복한 한가위를 만끽했던
뚝섬 한강 아름다운 달맞이어라

다음날 앨범 속에 수영복 차림

저 세상으로 떠나 버린 친구들의 모습을 보며
하염없이 쏟아 낸 눈물
이십 대의 친구들은 팔십 중반 백발이 되어
힘차게 불러 본 그 이름

권정숙, 고영수, 이순이, 정기숙

2020년 (음)8월 15일 추석 명절 밤 한강 달맞이

후배의 전화받던 날

따르릉 "누구세요?"
정 선배님 "K 후배입니다"
"건강은 어떠세요?" "많이 궁금합니다"

"그런대로 잘 지내고 있어요"
"혼자 사세요?" "물론 혼자 살지"
"청소는 파출부가 오나요?"
그래, 내 생활이 많이 궁금한 모양인데
문자로 자세히 알려 줄게요

성격상 나는 사람을 못 부린다오
아들이 일주일에 한 번 자고 가며
대청소를 해 주지
심지어 어미 화장대까지 깔끔하게
바삐 살아가는 아들인지라 안타까워
억세게 반대하지만

어쩔 수 없이 내가 질 수밖에

삼남매 카톡방
함께 주고받는 문자 교환도 심심찮게
이만하면 내 노년에 행복한
호사를 누리는 삶이라고
큰 욕심 없이 살아가고 있다오

                        2021년 8월 24일(화)

코로나19 바이러스

인생사 근심 걱정 떠날 날 없다 했던가
언젠가는 미세먼지로 숨막히게 하더니만
이제는 코로나19 바이러스가
사람들을 질식하게 하는구나

전 세계를 꽁꽁 묶어 놓은 현실 앞에
저마다 방콕 고령이다 보니 기력 부진
고작 독서 아니면 음악 감상 은둔 생활
자식들과도 만남을 조심해야 될 현실이 아닌가

친구들과 머리 맞대고 달콤한 대화 깔깔 킥킥
행복했던 지난 시간들
혼자서는 살 수 없는 것이 인생사라 했던가
그리운 벗들의 만남 노년의 낙이었는데

전 세계가 마비된 상태 이 일을 당하고 보니

지난 시절이 축복 은혜라는 것을
이제야 뜨겁게 알았네그려
무엇보다 얼어붙은 경제 보릿고개 시대를
생각하게 되는 밤잠 설치는 오늘날의 현실

                                        2020년 3월 24일(화)

공포

코로나19 대폭 확산 이럴 수가!

전 세계를 휩쓸고 있는
고개 떨군 현실 앞에
시국은 어수선한
여·야 헐뜯기 난장판

경제는 바닥을 치고
날로 짙어지는 한숨 소리
살아갈 길 막막하여라

어이 이 현실을 극복하랴
어이 이 현실을 회복하랴
어느 누가 책임질소냐?

하늘에 낮달
파르르 떨며 흐르고 있네

2020년 3월

음악의 열풍

미스트롯 음악 열풍에 매료되어
코로나19 확진으로
경제적 고통에 힘들게 살아가는
국민들에게 다소 활력소가 된다 할까?

출연자 여인들의 아름다운 미모와
화려한 멋진 연출 눈이 부시네
여인들의 놀라운 음악성
얼마나 피나는 노력을 했을까

어디 그뿐인가
신동들의 주저함 없는 자신감
깜직하고 귀여운
어른스러움에 놀라웠네

어리디 어린 신동들의 음악

어른 뺨칠 정도의 실력
이게 웬 조화일까 싶네

오늘날 음악의 열풍!
미스터트롯, 미스트롯의 아름다운
멋진 발성에 밤잠을 설치는 국민들

        2021년 1월 20일(수)

영화 '기생충'

전 세계는 지금 '기생충' 열풍!
미국 로스앤젤레스 돌비극장에서
제92회 아카데미 시상식

아카데미 4관왕을 획득한 봉준호 감독
각본상, 국제장편영화상, 감독상,
작품상까지 거머쥔
봉준호 감독 화이팅!

트로피를 손에 든 봉준호 감독
장하다 고마워라
전 세계의 뜨거운 환호의 물결 그 열기
영원하시라 영원하시라

      2020년 2월 9일(일) (미국 돌비극장에서 열린 시상식)

경자년을 맞이하며

덧없이 흘러간 세월
어느새 기해년이 물러선 자리에
성큼 들어선 경자년

잿빛 하늘에서 휘날리는
저 눈꽃을 바라보니
세월의 무상함이란 단어가
가슴 깊은 곳을 요동치누나

오늘날 한국 사회
경제는 하향길로 바닥을 치고
자영업자들의 깊어지는 한숨 소리
누가 책임지려나?

엄동설한 모진 비바람 속
청와대 앞에 노숙하며 밤을 지새우는

저 풍랑의 논쟁
국민들의 절박한 뜨거운 함성

여·야 국회위원들의
칼날 세운 논쟁 언어폭력

국민들을 움츠러들게 하는
아~ 하늘의 뜻이라 할까
하늘이여 땅이여 굽어보소서!

2020년 1월 1일

남을 헐뜯는 일

어린 시절부터 엄마 품을 모르고
굽이굽이 굴곡 많았던 배고팠던 그의 설움
불가마 속에서 헤매이며 살아온 세월
이제 그의 나이 삼십 세 드디어 하늘의 뜻이라 할까

잿더미 속에서 힘들게 아주 힘들게
푸른 새싹이 돋아나 한참 너울대는 그 새싹!
만인의 환영을 받는 그 보드라운 새싹을
구둣발로 짓뭉개 버리려는 파렴치한 인성의 소유자
인간미가 전혀 없는
코웃음 핑핑 쳐가며 헐뜯는 당신의 모습 혐오스럽소

남의 단점 캐내는 직업이지만 너무하오
피도 눈물도 없는 당신은 깊은 산속에 들어가
테레비도 보지 말고 눈감고 귀 막고
살아감이 마음 편히 살아갈 수 있을 것이오

어서 떠나시오 산 사람으로 그 길이
당신을 살찌게 하는 길이라는 걸 아시오

당신도 부모가 있고 처자식이 있을 터
만인이 좋아하는 그를 왜
아니, 과거 어린 시절에 악연을 왜 들추나
세계적으로 알려진 김호중의 멋진 음악성
한국을 빛내준 한국의 보물을 왜 왜곡하는가
인품과 인격이 갖춰진 겸손함의 김호중을 왜?
냉수 꿀꺽꿀꺽 정신 번뜩 차리시오

코로나19로 인해 방콕 또한 어수선한 한국 사회 갈팡질팡
답답한 국민들의 속앓이를 김호중이의 멋진 성악 발성으로
치유가 됨을 왜 모르는가! 당신의 시기 질투
상대 가슴에 대못 박는 일이라는 걸 아시오
이제 제발 그를 비방하지 마소 제발 참견하지 마소

2020년 8월 13일(목)

시화전 (도봉문협주간)

강북 방학동 '원당샘' 그 공원 안에
화려하게 펼쳐진 시화전
원당샘이란 호칭 육백 년 전 이곳에 살던
파평윤씨 일가가 지어준 '원당샘'
원당샘 공원 안에 수호신 역할을 하는
수령 오백오십 년이 넘은
우람한 자태에 생동감 넘치는
잘 생긴 은행나무 한 그루

싱그러운 은행나무 그늘 아래
다양한 색깔의 아름다운 시화전이 펼쳐진
그곳을 지나는 사람들의 발걸음 멈추게 하는
보람된 시화전이라 말하리
여러 문인들은 자기 작품 앞에
흐뭇한 미소로 사진 촬영에 호기심 가득
그 모습 또한 아름다워라

이 공원 저만치에 자리한
조선왕조 그 시대의 폭군으로 알려졌던
연산군 묘가 자리해 있고
행길 건너편에 세종대왕 둘째 따님
정의공주 묘도 이곳에 자리하고 있다
연산군과 정의공주 역시
흐뭇한 미소로 시화전을 바라보는 듯

※ 시화전을 탄생시켜 다섯 번째 이끌어 온
박인수 회장님께 뜨거운 박수를 보냅니다

2021년 10월 9일

김순임 여사님의 부음 소식

아니 이럴 수가!
만나뵌 지 얼마 되지 않아
소천이 웬 말인고?
20일 전에 우리를 초대한 김순임 여사님
청계산 레스토랑으로 달려간 우리
작년에 뵐 때보다 더욱 똘똘해진
건강한 모습에 다행이다 싶었거늘
아니, 그날이 마지막 길이 될 줄이야

짙은 초록빛 물결에
빨간 장미꽃이 흐드러지게 만개한
춥도 덥도 않은 좋은 계절의 유월
예쁜 장미 꽃길 헤치시며
가보지 않던 낯선 초행길
조심조심 살펴 안녕히 가십시오

40년 전 주택 생활 당시를 회고해 봅니다
우리의 뜨거웠던 우정
내외분의 따뜻했던 그 손길
모락모락 피어오르네요
마치 친정어머니 역할을 해 주셨던
어찌 말로 다 표현할 수 있을까요
생각할수록 사무치게 그리운
김종구 선생님 내외분의 뜨거웠던 우정
어찌 잊을 수 있으리오
아~ 멈춰지지 않는 그리움의 눈물샘

이웃에서 살며
내외분의 올바른 생활 태도에
존경하며 많은 것을 배웠습니다
무엇보다 올곧은 정신과 절약 정신
우리에게 본보기가 되어 주셨던 내외분

우리 부부를 그토록 아껴 주시던
오랜 세월 일요일마다 맛있는
요리를 준비하셨던 여사님
승용차에 싣고 산으로 바다로
함께 목청 높여 노래를 부르며 달렸던
잊혀지지 않는 그 시절의 추억들

우리는 그 당시 율산실업 사건과
박정희 대통령 서거로 인해
많은 실패에 허덕이고 있을 무렵
김종구 선생님 내외분 어진 배려에 힘입어
우리 부부 건강 잃지 않았다 해도
과언이 아닐 것입니다

실패한 우리에게 돈이 필요하면
얼마든 갖다 쓰라고 몇 번을 권하셨던
김순임 여사님의 깊은 배려에 감사하며
또한 많이 놀라웠습니다

어디 그뿐인가 추위가 닥칠 때면
정원에 많은 나무들을 얼지 않게
모두 짚으로 꼼꼼히 싸 주시던
김종구 선생님의 정겹던 그 손길
된장 고추장 김장을 해마다 손수 신경써 주시던
김순임 여사님, 목이 메어옵니다

이러한 분을 마지막 길에
피치 못할 사정으로 배웅도 못해드린
죄책감에 용서를 비옵니다
그리고 오랜만에 내외분
천국에서 뜨거운 만남이 되셨겠죠?
그간 그리웠던 회포를 푸십시오
언젠가는 우리 내외와 함께
만나게 되겠지요 편히 영면하소서

                2019년 6월 11일(화) 89세로 타계하심

회상

당신 떠난 빈자리 어느새 4년
그리움은 더욱 깊어지는
너무 허전하고 쓸쓸해요

여보 나 이제 어떡해요
머지않아 구십을 바라보는
매사 쓸모없는 존재가 되어 버렸다오
당신과 함께 했던 지난 추억들을
가슴에 품고 되뇌어 회상해 보는

매사 부족함이 많은 아내를
항상 내편이 되어 주던
자식들 앞에서 항상 엄마의 체면
추켜세워 주던 당신
참 고마운 남편이었소

여보 머지않아 당신 곁으로 가려니
경치 좋은 곳에 햇볕 잘 드는
깔끔한 신혼집을
마련해 놓으시구려 알았죠?
우리 만나는 그날까지 편히 잠드소서!

                                2022년 2월 어느날

작은딸 모녀 하와이 해수욕장에서

3부 천륜의 모정

2017년 큰딸 내외 남한산성에서

천륜의 모정

배고파 엉엉 울어 대는 우리 아가
그래 아가야 조금만 더 참아다오
아직 네가 먹을 만큼
채워지지 않았어 미안해

포근한 엄마 품속 파고든 아가
이걸 어쩌나 젖꼭지에 코 박고
그새 잠들었네

귀염둥이 우리 아가 배고프지?
어서 젖 빨아 배 채워라
허기진 배 어쩌나

두 발 동동 애간장 탄 엄마
이리 동동 저리 동동
젖꼭지 문 채 잠들어 버린 아가

배고파 어이하리 어이하리

아가야!
엄마 품속 그리 좋던가!
아~ 天倫(천륜)의 모정이여

※ 54년이 흘러 버린 보릿고개 시대를
회고하며 눈물 훔친 늙은 엄마

2021년 10월 11일(월)

거울 속의 내 모습

무더운 여름철의 오후
이리 뒤척 저리 뒤척
엉금엉금 거울 앞에 다가앉아
물끄러미 내 모습을 바라본다
헝클어진 백발에 침침한 눈망울
휘어진 자라목에
쭈글쭈글 잔주름 퇴색된 얼굴빛

그러나 슬퍼하지 않을 거야
86년 세파 속에 부딪치며 살아온
그래, 모습은 혐오스럽게 변했으나

나 아직 거울보기 좋아하며
나 아직 혼자 거닐 수 있고
나 아직 내 손으로 생활할 수 있고
나 아직 글을 쓰며 교정하기를 즐기며

나 아직 책을 접하며 살아가는 노년

아~ 이제 볼품없이 변해 버린 내 육신
더욱 토닥토닥 살살 달래며 살아갈 거야
그러나 때로 끼어드는 고독 외로움 소외감은 필수
많이 지쳐진 자신을 슬퍼하기보다
자신에게 위로를 이만하면 괜찮아
어느새 눈가에 이슬이 고이네

2021년 7월 28일

어머님의 옛 모습

기나긴
수십 년 세월 속에 희미해진
어머니의 모습 아니 이럴 수가!

허공에 그리다 그리다
또 그리다 솟구치는 죄송함
긴 한숨만 토하는 불효 여식

어머니!
이 불효 여식 용서하소서
두 손 모아 용서를 비옵니다
어머니 사랑합니다

2022년 1월 31일(월)

우이동 계곡

코로나19 바이러스로 인해
방콕 수개월 은둔 생활
딸들과 우이동 계곡
분수대 앞에 앉아 있으니
천국이 따로 없네그려

어느새 중년이 되어버린
딸들과 허심탄회한 대화 속에
시간 가는 줄 모르는
풋풋했던 학창시절 예뻤던
딸들의 모습을 떠올리며

그래 엄마는 영원히 너희들과
이별하지 않을 거야
저렇게 착하고 예쁜 내 딸들
이별은 절대 안돼 안돼

내심 가슴에 촉촉이 내리는
어미 마음 너희들은 모르리

2020년 5월 29일(금)

서럽던 달 밝은 밤

밤은 깊어 고요한
우리 민족의 상징 소나무

소나무 가지에 걸쳐진 저 달
달빛의 어렴풋이 비춰진
눈물 훔치며 한숨짓는
한 여인의 모습을 훔쳐보는

아~ 저 달은 님의 달이라
어서 내 손 잡아주오
까치발 딛고 동동대던 손

모를세라 아예 모를세라
구름 속으로 사라져 버린
서럽던 달 밝은 밤

2020년 3월 11일(목)

책을 버리다

수십 년 세월 함께 했던
내 손때 묻은 많은 책들
이제 떠날 날이 가까워지니
내 손으로 정리하자고

그렇게도 아끼던 책
오백 권을 처리하고 보니
한편 서운함이 맴도는
또한 시원섭섭하다 할까

문학 창작에 매료되어
수십 년 세월 고뇌하며
즐겁게 살아온 내 삶
이제 욕심을 비울 때가 된 듯

소박한 서가에서

많은 노래를 일구어 낸
아~ 나만의 기쁨이요
나만의 행복이라

                                      2020년 4월 6일(월)

우리 집 家訓(가훈)

속절없이 흘러 버린 팔십육 년의 세월
이제 나는 삼남매에게
무엇을 남기고 먼~길 떠나려나

그래 이 어미가 입버릇처럼 내뱉던
가정이란 화목해야 행복한 삶을
누릴 수 있다고

우리 집 家訓 삼남매에게 내린
"和睦한 家庭生活"(화목한 가정생활)

명심하게나 "화목한 가정생활"
이 어미의 간절한 소망을

2021년 6월

판교 산책길

어느새 시원해진 해거름에 오후
아들이 살고 있는 아파트 단지 안에 들어섰다
넓게 펼쳐진 조경 싱그럽고 아름다운 풍경들
시원한 북카페 연못가 벤치에 앉아
상큼한 희열감에 콧노래 흥얼대며
아들 손잡고 한 바퀴 돌아 나왔다

비탈진 높은 산책길 입구에 들어선 모자(母子)
맑은 하늘에 흰 뭉게구름 두둥실
울창하게 펼쳐진 싱그러운 수목들
보기만 해도 힐링이 되는

고개 뒤로 꺾어 높은 정상에 정자를 바라보며
두 주먹 불끈, 그래 비실대는 내 육신의 용기
저 높은 막에 오를 것을 내심 굳게 다짐!
아들 손 뿌리치고 옆에 동아줄에 힘입어

호위병 뒤따른 "어머니 무리하시면 안 됩니다"
반복되는 아들의 말 무시한 채
결국 목적지 182계단 정자에 오른 노파!

꿈인지 생시인지 자신이 놀라웠다
까마득한 그 높은 목적지에 달성한 그 기쁨
해냈다는 그 통쾌감에 두 팔 번쩍 만세 삼창을
정자 옆 벤치에 앉아 힘겨운 호흡을 가다듬고
내리막길 역시 만만찮아 아들 손잡고
비실비실 182계단을 무사히 내려온 **母子**

또다시 들어선 단지 안
시원한 북카페 연못가 벤치에 앉아
사방에서 뿜어 나오는 분수대
요란한 물줄기 소리에 하모니 이루어
"그리운 금강산" 고음 발성으로 토해 냈던 기쁨

거뜬해진 내 기력 행복했던 판교 산책길
영원히 잊혀지지 않을 나만의 기쁨이여

        2021년 8월 21일(일)

착한 부부

뜻밖에 사업실패로
가장의 능력자라는 꼬리표가
뚝 떨어졌던 2005년 1월
(41세 37세 부부)

그러나 좌절함과 큰소리 없이
역시 화목한 가정생활
긴 세월 묵묵히 살아온 착한 부부

아~ 하늘의 뜻이라 할까
부처의 뜻이라 할까
잃어버린 집문서 되찾은 그 기쁨

그래, 꿈이 아닌 현실 앞에
드디어 알콩달콩
멋지게 둥지를 틀어놓은

오늘의 이 기쁨 영원하시라
그대들의 착한 인성에
복이 되었노라고
하늘을 훨훨 나는 기쁨의 환호

        2020년 8월 8일 (토)

어느 봄날 2

막내딸 내외 안내로
팔당 감나무집으로 달리고 있다
차에 오를 때마다 심술부리는 차멀미
나는 차멀미 방지로 노래 아니면
이야기를 해야만 했다

창밖에 스치는 연둣빛 초목들에게
풋풋한 싱그러움을 느끼며
드디어 목적지에 도착했다
감나무집 앞마당에 펼쳐진
저 넓은 한강 조용히 남실대는 저 물살
와우 감탄사가 절로 나오는
나는 그만 하마입이 되고 말았다오

이토록 멋진 곳을 이제야 발견한 것이
못내 아쉬워 지는 나는 어느새 힐링

가벼워진 발걸음 성큼 식당에 들어섰다
앞바다에 저 멋진 풍경들을 바라보며
노릇노릇 구워진 장어구이 입안에 쏘옥
더욱 맛있게 오물오물 꿀꺽
사위와 딸은 어미 식성에
놀라워하는 듯 ㅎㅎ

커피숍에 둘러앉아 차를 마시며
도란도란 얘기꽃을 피우다
서둘러 서울로 향했다
왕복 차멀미 없는 즐거운 봄나들이였다

2021년 5월 26일

삼남매의 깜짝쇼

판교에서 출발! 창동으로 달리는
얼마쯤 가다 멈춰진 "어머니 내리세요"
"여기가 어딘데?"
"잠깐 들를 곳이 있어요" 하는 아들
부추김을 받으며 따라간
큰 건물 안에 들어서보니 이게 웬일

내일 창동 집에 오기로 약속했던
큰딸 내외가 눈에 뜨이고
고개 돌려보니 막내딸 가족이
나를 바라보며 깔깔깔 아니 이게 웬일야
얼마나 놀랍던지 얼마나 황당하던지
어리벙벙해진 어미 그제서 살펴보니

강남 인터컨티넨탈 호텔이 아닌가
삼남매 깜짝쇼에 매료되었던 그날

1856호실에 짐을 풀었다
우리 가족이 이용할 방 3개 침대 7개
알고 보니 어미 87회 생일 파티를 위한

촛불 달린 케이크 앞에 다가앉은 어미
가족들의 생일 축하 선율이 끝나자
김진태 사위에 시 낭독이 곁들어진 행복한
87회 생일 파티였다 또한 손녀 손자들 성숙한
사회인의 자세 대견함에 더욱
할미의 이 기쁨 너희들은 모르리

가족들이 많은 대화 수다를 떨다 보니
어느새 깊은 밤이 되어
각자 배정된 자기 침실로 돌아섰다
피곤했던가 꿀잠에 든 어미

다음날 새벽 6시 큰딸 권유로
호텔 수영장에 들어선 모녀
어미 수영복을 챙겨 온 큰딸
수십 년이 지난 오랜만에
딸의 강한 권유로 수영복을 챙겨 입고
모자와 물안경까지 갖추어진
거울에 비춰진 혐오스러운 내 모습
얼마나 놀랍던지 내심 쥐구멍을 찾았다네
딸은 눈치도 없이 혐오스러운 어미 모습
사진에 담는 게 아닌가

물 온도가 내게 맞지 않아
나는 벤치에 걸터앉아 딸의 활기찬
수영하는 모습에 몰두했던 그날
그래, 이 어미의 87회 생일 삼남매의 깜짝 쇼
먼 훗날 좋은 추억이 되려니 기대하시라

2022년 (음)1월 5일(수)
삼성동 인터컨티넨탈 호텔에서

전화 대화

궁금하던 중
손자 전화를 받은 할미
"그래 시험 잘 봤나?"
"네, 그런대로 잘 봤어요"

자세히 설명해 주는 손자 말에
귀 기울여 듣는 할미
아니, 여느 때와 달리
음색 톤이 달라짐을 느낀 할미

"많이 달라졌네
음색 더욱 좋고 자신감 있는
늠름함 너무 멋진데" 하는 할미

"네, 그래요? 할머니께서 항상
지적해 주셨던 부분을

요즘 고쳐 가고 있어요"

"어머, 그래?"
"언제부터?" "1개월 됐어요"
"정말 고맙구나" 착한 내 손자

손자 말에
감격의 콧등 시큰해진 할미

2020년 6월 6일(토)

4주기

그 양반 떠난 지 어느새 4년
코로나19 오미크론
무차별 확산으로 말미암아
남편 4주기에 참석하지 못함
못내 송구하외다

그러나 넓은 바다와 같은
당신의 선한 인성
이해 충분히 했으리라 믿습니다
오늘따라 날씨마저 꾸물꾸물
서러운 듯 숨어 버린 해님
그렁그렁 얼룩진 내 눈망울

조용히 서가에 들어가
지난 일기장 속의 많은 추억들
내 맘 사로잡은 일기장

역시 당신 훌륭한 가장이었소
고맙소 존경하오
생전에 당신이 즐겨 부르던
선구자, 노래 한 곡 바치오리다

                2022년 3월 18일(금) (음)2월 16일 (4주기)
                                  창동 자택에서

아련한 추억

이봐요 우리 이제
허공의 그리움 힘들겠지만
아름답게 잊어야 합니다

우리 이제 이쯤에서
자신을 채찍질하며 외로움 고독을
서로가 감춰야 합니다

우리 이제 수많은 지난 세월
많은 아쉬움이 있겠지만
한없이 그리워하기엔
서로의 지나는 시간들이
너무나 막막해져만 갑니다

우리의 환상을 떨치기란 어렵겠지만
이제는 서로를 생각하며

선한 고운 맘으로 잊어야 합니다
우리는 서로 사랑하였기에
서로의 행복을 지켜줘야 합니다

                              2020년 11월 15일(수)

가족 모임

2019년 마지막 달력 앞에
옹기종기 모여든 내 새끼들
건강하게 한해를 마무리하는 우리 가족

삼남매 가족 나름대로 화목하게
우애 좋은 삼남매로 살아가는 모습
어미 마음 흐뭇하다네

가족이란 어떠한 환경 속에서도
서로 이해하고 사랑이 깃들도록
노력해야 행복할 수 있다는 사실

그래, 화목한 가족 사랑
또한 우애 좋은 삼남매로 거듭나기를

언젠가 어미 모습이 되려니

홀로 된 어미
매사 보살펴 주는 삼남매

삐지기 잘하는 늙은 어미
행여 토라질세라
행여 마음 다칠세라
어린아이 돌보듯 챙겨 주는
내심 고맙다네

그래 언젠가는 너희들도
고령이 되고 보면
어미의 모습이 되려니
아무쪼록 오늘날의 그 효심
느슨함 없이 지속되기를

한번 끈을 놓치면

영영 볼 수 없음을 후한이 없도록
이제 어미와 짧게 남은 시간들
더욱 알차게 행복한 삶으로
살아가자고 알았지?

2020년 6월

아~ 자식이 뭐길래?

삼남매 가족과 함께한
기해년을 마무리하는 메리크리스마스
횟집으로 들어선 우리 가족

맛있는 식사를 하며 행복해하는
가족들과 웃음꽃 피우는 대화
사랑의 눈빛으로 코믹한 대화 속의 그들
화기애애한 분위기 어미 마음 행복했던
20대 중반의 손녀 손자들 대견함에 더욱

집으로 돌아와 현관문을 열어 보니
그렇게도 고요속의 적막했던 집안이
떠들썩 시간 가는 줄 모르는 달콤한 대화
드디어 취침 시간에 이르게 되자
네 집 가족들의 방 배정을 맡은 집주인(할미)

장안에 차곡차곡 잠자고 있던 이부자리
마치 이불 전시회가 열린 듯
쌀쌀한 깊은 밤 행여 추울세라
난방을 올려 온기가 맴도는 훈훈함

모두들 따듯한 잠자리에 곤하게 잠든
자식들의 모습에 잔잔한 미소가 번지는
너희들은 모르리 어미의 이 기쁨을
그렇게도 비실대던 기력 힐링을
행복한 잠자리에 드는 늙은 어미

        2019년 12월 21일(토) 창동 자택에서

부산 나들이

어버이날을 기해
부산 해운대로 달리는 우리 가족(10명)
창밖에 무성하게 우거진 푸르름
춥도 덥도 않은 참 좋은 계절

드디어 목적지에 도착
부산 롯데호텔에 들어섰네
방 4개 숙소에 짐을 풀고
신나게 해운대 바닷가로 훨훨 나는 우리 가족

와우 끝없이 펼쳐진 눈부신 해운대
맑은 햇살의 푸른 바다
하늘과 땅이 맞닿은 듯
보드라운 모래알 밟는 촉감이 좋아
피곤함 잊은 채 즐겨 걸었네

쪼르륵 신호에 생선 횟집에 들어선 우리
생선회 그 진미를 이제야 느껴 본
서울에서 먹어본 생선회와는
영 다른 꿀맛 같은 회 배부르게 먹었네
이 글을 쓰면서도 입안에 군침이 도는

알고 보니 부산에서 먹은 회는
3~5시간 숙성시킨 선어회라 하네
숙성의 효력 쫄깃한 맛
2박 3일 동안 즐거운 어버이날을 맞이한
부산 나들이 가족들 효심에 고마워라
그래, 먼 훗날 좋은 추억이 되겠지

2022년 5월 8일 (어버이날)

따듯한 손길

한 침대에서
잠자리에 드는 고부간

새벽 먼동이 트일 때면
며느리는 잠자리에서
어느새 부엌으로 나가

물 한 컵을
따듯하게 데워
내 손에 공손히 쥐어 주는
착한 며느리

밤새 메말랐던 목선
따끈한 물 한 컵을
마시고 나니 팍팍했던 목
보드랍게 유연해진 목선

며느리의 따듯한 손길
얼마나 고맙던지
이제껏 표현 한번 못했으나
내심 고마움을 느낀다네

                              2021년 2월 12일(금)

새 생명을 얻다

2008년 5월
13년 전 위암 수술 후
계속적인 소화불량 장 상태가 좋지 않아
여러모로 치료해 온 13년의 세월
부끄러울 만큼 빈약해버린 육신

장에 통증과 변비로 인해
S대 병원 예약하고 있던 중
내 체질에 맞는 딸에게 받은 효소

며칠 동안 복용 후 드디어
오랜만에 정상적인 식사를 했다

13년 동안 괴로웠던 통증이 없어지자
새 세상 만난 듯 집안에 활기가 도는
건강의 소중함을 되새기며

이제 짧게 남은 세월
더욱 즐겁게 살아갈 것을
효심 깊은 큰딸 내외에게 고맙다 하리

2021년 1월 9일(토)

코로나19 팬데믹

여보 2020년 1월부터 코로나19 팬데믹으로
전 세계가 온통 마비된 상태
가족들과 만남도 삼가야 되는
그 가운데 여·야 밀고 당기는 극심한 논쟁

경제는 하향길 자살 소동까지
어쩌다 이런 세상이 되었나?
한숨 깊은 인생살이가 되어 가고 있다오

코로나19 팬데믹 모두 가슴앓이하는 사회
그래요 피할 수 없는 일이라면
"즐겨라"는 말이 있듯
나 방콕 독서를 즐기며 작품 교정과
베란다에 꽃과 초목들 가꾸는 일에
게으름 없이 즐기며 지낸다오

여보, 머지않아 우리의 만남 다가옴을
당신도 잘 알고 있겠지
백발이 된 아내의 만남 기대하시구려

        2020년 10월 1일(목) (분당 아들 집에서)

부처님 오신 날

뜻밖에 큰딸 내외 안내로
익산 금마면에 자리한 "사자사" 입구에 도착했다

그러나 가파른 높은 돌계단
이때 한 여인이 나타나 주춤해 있는 우리에게
저 어르신 이 계단으로 절에 올라갈 수 없다며
절에 전화를 해 줘 모노레일에 오르게 한 고마운 여인

절에 올라가는 비탈진 숲 속의 오솔길
모노레일 작동 덜컹덜컹 큰 울림에
꼬불꼬불 가파른 산길
기계가 마치 쓰러질 것 같은 불안함
내릴 수도 오를 수도 없는 입장

두근대는 가슴 끌어안은 채 눈을 꽉 감았네
한참을 올라가다 모노레일 소음이

작아져 눈을 떠보니 사자사에 거의 도착
지대는 높지만 앞면이 확 트인 울창한 초목들
신선한 맑은 공기 만끽할 수 있는 그곳
부처님 앞에 등을 올리고 나니 이 기쁨을
감칠맛 나는 절 음식 맛있게 공양을 했다

이제 내려갈 생각에 걱정스러움
타고 올라왔던 그 모노레일에 또 올랐다
후진으로 내려가는 모노레일 작동
더욱 위험을 느껴 두 주먹 꼭 쥐고 역시 눈을 감았다
다행히 벌벌 떨며 무사히 내려왔네
그냥 지나칠 뻔했던 등을 올리게 되어 흐뭇함을
항상 어미 맘 잘 헤아려 주는 큰딸 내외 고마웠네

        2022년 (음)사월 초파일 익산 '사자사'에서

아들 가족

4부 우산 속의 여인

2007년 아들과 함께 보령 시화전에서

당신의 일기장

그대 먼 길 떠난 후
오랜만에 열어 본 당신의 일기장
일기장 속에 또렷이 적혀 있는
반가운 그대의 필체

여보, "누가 뭐래도
당신은, 현모양처야"

그 한마디에 아내
화증을 녹여 주던 당신
부족함이 많은 제게
과분한 칭찬이었소
그저 송구하외다

옥구슬 주룩주룩
빛바랜 일기장 얼룩이 지네

내 가슴 속 깊은 곳에
소중히 간직하렵니다
여보, 고맙구려 고마워요

2020년 8월 23일(일)

내 탓으로 돌리기

때로는 자식들에게
섭섭함을 느낄 때면
웬만한 일엔 나무라기보다

어미의 자식 교육이
부족했구나 싶어
내 탓으로 돌린다네

중년이 된 자식들에게
옳고 그름을 따지면
분명 잔소리로 들리겠지

내 탓으로 돌리니
가슴앓이 없이
내 맘 평화로워짐을

그러기에 되도록
웬만한 일에는
내 탓으로 돌리려 하네

                2020년 8월 15일(토)

야속한 세월아

어쩜! 내 청춘 떠난 줄도 모른 채
앞만 보고 억세게 달려온 세월
어느새 멀리까지 아주 멀리 달려왔네

지난 무거웠던 그 힘든 터널들
그 무서웠던 천식
그 무서웠던 위암 수술 기타 등등
그 시련 어찌 극복하며 살아왔을까

되돌아보니 싱그럽던 내 청춘
이제 내 육신 곳곳에 녹슬어 버린
앙상한 등성이만 남아 있음을

맘과 달리 날 수 없는 신세
이제 누가 나를 책임져 주려나?
오직 가정을 위한

자식을 위한 희생이었네

서산에 기운 노파 쓸모없는 존재
허망함에 넋두리 아닌 넋두리
투정 아닌 투정을 토하며
고개 떨군 야속한 세월아

                        2021년 7월 28일(수)

마지막 용기

그래, 용기를 내보자
최선의 방법으로 이대로
주저앉지 않을 거야

나 이렇게
세월만큼 빈약해버린
비실대는 내 육신

이대로
주저앉지 않을 거야
내 인생 마지막의 용기를

2021년 11월 12일(금)

지하철

늦가을 어느 날
착잡한 심정 꿈틀꿈틀
헝클어진 백발 묶은 채 입던 채로
현관을 나서는 지하철에 오른 노파

종합시장에 들어서려다
마주친 대형 유리창문에 쾅!
요란한 울림에 놀란 상인들
내 곁으로 다가서는 그들

"저 큰 유리창 깨지지 않았으니
천만다행"이라며 수군대는 상인들
나는 죄인인 듯 고개 떨군 채
화끈대는 이마와 얼굴을 가렸다

"할머니 괜찮으세요?"

"네, 괜찮아요. 미안합니다"
왜 그리 창피하던지 욱신대는
이마를 잡고 자리를 옮겨버렸다

파손되지 않은 유리 창문
얼마나 감사하던지 욱신대던
이마도 다소곳한 듯 감사의 기도를

현관에 들어서며 긴장이 풀린 듯
고령이다 보니 초라한 내 모습에
서러움 복받쳤던 소파에 앉아
어린아이 울듯 엉엉 흐느꼈다

2021년 11월 16일(화)

많이 걸어온 세월

어느새 노화로 삐걱대는 육신
살아갈수록 외로움이
살아갈수록 허망함이
살아갈수록 작아지는 육신

나 이렇게 노화될 줄 몰랐네
나 이렇게 변할 줄 정말 몰랐네

그렇게도 즐거웠던 문단 생활
그렇게도 즐기던 성악 발성
그렇게도 즐겨했던 신문 스크랩

이제 기력 부진으로 보행인 없는
먼 외출은 삼갈 수밖에
지인들과의 만남도 수월하지 못함
욕심 없이 모두 내려놔야 될 입장

이제 집안에서 꼬물댈 수밖에 없는
그러나 슬퍼하지 않으리
아직 정신만큼은 고장 없으니

비실대는 몸
그래도 행복한 삶이라 자부하는
팔십 중반의 여인이여

2020년 8월 18일(화)

따끈한 찻잔

차분히 내리는 이슬비
거실 소파에 앉아
따끈한 찻잔을 들고
아파트 사이로 뻥 뚫린
하늘을 바라본다

누군가가 하늘에서
나를 바라보는 듯
고개 돌려 찻잔을 바라보니
그 찻잔 속에도 역시
누군가가 나를 바라보는 듯

허망함에 찻잔을 들고
부엌 하수구에 쏟아 버린
따분한 생각에 서재에 들어가
악보를 뒤적이며

"그리운 금강산" 목이 터져라
고음 발성으로 토해 내며
허한 맘 달래 보는 백발의 여인

                                            2021년 5월 1일

내 맘 나도 몰라

왠지 요즘 공허감 속에
나약해지는 자신이 밉다

때론 기쁨이 때론 슬픔이
때론 좌절감 때론 소외감에
젖어 드는

그렇게도 너그럽던 내가
이만하면 행복한 삶이라고
자부했던 내가

짙은 고령이 되고 보니
수시로 끼어드는 내 안에 슬픔
내 맘 나도 몰라

2021년 2월 8일

3주기

사별한 지 어느새 삼 년
당신 앞에 우리 가족
숙연한 맘으로 인사 올립니다

거리마다 꽃망울 터트리는
더욱 생각나게 하는 계절입니다

여보, 기쁜 소식 전합니다
2020년 외손녀 김혜윤
금융회사에 입사
2021년 친손자 최영준
KCC 건설회사에 입사

그 꼬마들이 어느새 사회인이 되어
대견함과 기쁨이 한아름

그곳에서 손 박사와
정겨운 술잔 나누며
잘 지내시리라 생각됩니다

부디 편히 잠드소서! 안녕

2021년 (음) 2월 16일(일)

아름다운 노을

노년의 삶이란
고독과 외로움 소외감
누구나 안고 살아가야 할
힘든 과정이라 말하리

나이가 들수록
온화한 성품 길들이며
밝은 인상으로 살아가야 되겠지

되도록 깔끔한 생활 습관으로
더욱 즐겁게 살아가도록
노력해야 되겠지

부모로서 자식들에게
상처 주는 일 없도록
또한 자식들에게

상처 받는 일 없도록 조심조심

서산에 기운 아름다운 노을
우리의 마지막 노을
역시 아름다워야 되겠지

기력 더 부진하기 전
떠날 준비 헤아려야 되겠지
우리 죽음을 슬퍼하지 말 것

2020년 12월 31일(일)

홀로의 길

이제 홀로 마지막 인생길
외로움 고독을 살살 달래가며
살아갈 수밖에

내 삶 대신해 줄 사람
누구도 없지 않은가

술잔에 찰랑대는 달콤한 추억
때론 미워했던 추억
아련히 남실대는 지난 사연들

얼룩진 내 얼굴
그래, 인생 삶 별거더냐
잔잔한 미소가 나를 깨우누나

2020년 4월 5일(일)

아들의 인생 2막

퇴직 후 3개월 만에
인생 2막에 들어선 지 3년
아버지의 깊은 뜻을 받아
도전하는 늠름한 아들의 자세

그래요
하늘의 뜻이라 할까
부처의 뜻이라 할까

밝은 빛을 받아
순탄한 가벼운 발걸음
최선을 다하는 늠름한 그 열정!

늙은 어미의
웃음꽃 피워 내는 그 효심
그저 고맙다 하리
부디 건강하시게나

2021년 3월 1일

외로움의 그 깊이

이별보다 더 슬픈 것은 외로움이라고
경험 없이 외로움의
그 깊이를 어찌 알겠나

고령에 고아가 되어 버린
나, 이렇게 외로울 줄 미처 몰랐네
적막이 흐르는 긴 밤이 내릴 때면
외로움 참을 길 없어 동동대다
눈물로 詩를 씁니다.

밤이 깊어질수록 하얀 밤을 지새우며
그 외로움 당해 보지 않고서야
누구도 그 깊이를 모를 일이라고

어느 시인의 뜨거운 경험에서 나온
허기진 배고픔의 서러움은 참을 수 있으나

외로움의 설움은 누구도 대신할 수 없다고

故오현명 성악가 강의 중에 내뱉던
아내를 먼저 저세상으로 보내는 일
남는 자에겐 치명적이라고 고개 떨구던
이제야 경험으로 그 절절한 외로움 알 듯

별 수 없이 껴안고 갈 노년의 외로움
잘근잘근 즐기며 살아가자고
이것이 나만의 일이 아닌
마지막 노년의 외로움의 삶이라고

2020년 5월 14일(목)

삼 년이란 세월

그래, 삼 년이란 세월
혼자 살다 보니
외로움에 길들여졌나봐
혼자 사는 것이 편해졌어

날이 갈수록
내 맘 바다처럼 넓어지고
날이 갈수록
내 맘 자유로워졌어

지끈대던 내 육신
좋은 친구 삼아 다툼 없이
받아들이는 힘이 생겼어

이제 고령이 되고 보니
삐걱대는 내 육신

쪼그라든 주름진 내 얼굴

넓은 아량으로 더욱 예쁘게
더욱 아름답게 사랑으로
받아들이는 힘이 생겼어
이제 삶이 즐거워졌다 할까
이 즐거움 절대 놓치지 않을 거야

      2021년 2월 24일(수) 깊은 밤

복동이

잠자리에 들며 문득 스치는
울 엄마의 말씀 되새겨 본다
"얘야, 네가 이 세상에 태어난 후
너의 아버지 사업(정미소)이
불 일어나듯 번창하여 너는 귀염을 받았지"

오 남매 중
"너의 아버지 무릎에 앉아 본 자식은
셋째 너뿐이었다"고
"너의 별명은 복동이" 하시던 울 엄마

그런 아버지 앞에 다가서지 못하고
재롱 한번 떨어 보지 못한 유년의 시절
항상 손님 대하듯 왜 어려워만 했을까?

어린 시절 산골 마을에서 붙여진

정기숙 별명 복동이 나는 그 별명이
곰스러워 정말 듣기 싫어했다
동네 어르신들이 복동아 하면
고개 숙여 시무룩한 나의 표정

수십 년 세월이 흘러갔건만
아직도 그 모습 또렷이 떠올라
얇은 미소가 번지네 팔십 년 전
산골 마을의 복동이ㅎㅎ

2020년 12월 26일(금)

인생살이의 터널

인생살이란 누구나 살다 보면
힘든 터널이 끼어들게 마련
때론 입안에 단내가 물씬물씬
어디 그런 일이 한두 번일까
좌절감에 깊이 젖어 들다 보면

그래, 보잘것없는 내 인생
여기서 끝내자 생각하면
더욱 길이 보이지 않는다고 하네
자살소동이 빈번한 요즘
그리고 생명을 끊는다는 것
부모님께 큰 욕 되는 일 그 집안에
큰 흉가로 대물림이 된다는 사실

몹시 괴로울 땐 밖으로 뛰어나가
호젓한 둑길을 걸으며 좋아하는 노래

고음의 발성으로 토해 내다 보면
어느새 온몸에 엔돌핀 팍팍 전달
죽기 아니면 까무러치기란
피나는 노력으로 내 것으로 만들다 보면
삶이 즐겁고 행복을 맛볼 수 있는

한 번밖에 살 수 없는
부모님이 주신 귀한 생명
더욱 다독다독 사랑하며 우리 모두
내 육신 소중히 다루며 살아갑시다

2021년 1월 15일(금)

노년의 삶

나날이 발전되어 가는
감히 따라갈 수 없는 노년의 삶
우선 기대치를 줄이며 현실에
잘 적응하도록 노력해야 되겠지
고령화 시대에
치매 인구 늘어 가는 오늘날
조심스러운 노년의 삶
겸손한 자세로 정신차려야 할 노년

건강과 경제적 문제도
늙기 전에 준비가 없다면
늙어서 그 빈곤에 무서운 시달림
극복하기 아주 힘든 괴로움이 되겠지
노후에 삶을 준비 없이
소홀히 한다면 그 괴로움에 젖어
결국 병고에 시달리게 될 수도 있겠지

건강과 경제가 준비되어 있다면
마지막 노년의 삶
비록 몸은 늙어 혐오스러우나
그래도 생활에 활력이 있고
멋을 느낄 수 있는 여유로움
행복한 노년의 삶이 될 수 있겠지

2021년 10월 1일(금)

가을 나들이

뜻밖에 며느리와
사일구탑에 오른 우리
눈이 부시도록 맑은 가을 햇살
춥도 덥도 않은 시원한 가을바람

부진한 내 기력
며느리의 따듯한 보호를 받으며
숙연한 맘으로
영령들 앞에 다가섰네
마치 영령들의 수호신인 듯
예쁜 빨간 무궁화 꽃이
질서 정연하게 줄지어 서 있네

정리정돈이 잘 되어 있는 묘소
울긋불긋 화려한 낙엽이 휘날리는
주변 환경 눈이 부시도록 아름다워라

지끈대던 통증도 잊은 채
사진 촬영을 하며 돌아 나왔네

커피숍에 들어선 우리
따끈한 찻잔을 나누며 도란도란
이야기꽃을 피우는 고부간
즐겁고 행복한 가을 나들이었네

                                      2020년 11월 11일(수)

나의 인생살이

내 인생살이 어디까지 가려나
풋풋하고 싱그럽던 화려했던
또한 절박했던 울분 터뜨렸던 터널들

이제 멀어져 가는 아스라이
꿈마저 사라져 가는
어디까지 더 가려나
몸은 나날이 야위어 가는
바싹 마른 한 줌의 체력

그러나 아직은 귀먹지 않았고
두 다리 거닐 수 있고
맑은 정신으로

내가 출간한 일곱 권의 책
행복한 미소로 살펴보는

책장 넘기는 소리

과연 어디까지 더 가야
나의 종착역이 되려나
비실대는 내 기력 어디까지 더 가려나

2022년 6월

마지막 인생길

2021년 신축년
새해 첫날부터 문득 떠오르는
'이제부터 시작'이란 단어가
내 안에 꿈틀거림은 왜일까
아~희망적인 신호가 아닐까

그래 이제 짧게 남은
이 소중한 내 삶의 시간들
보다 더욱 보람된 삶 살고파

이제 내 짧은 생애
어떻게 살아가야 더욱 보람된
마지막 삶이 되려나

평화로운 화목한 가족 사랑
물 흐르듯 조용히 살고파

2021년 1월 1일

삼남매 가족들에게

그간 며칠 동안 침묵했던 카톡방!
오해 아닌 오해로 인해
자기들의 잘못인 양
며느리의 눈물! 큰딸의 눈물!

이 못난 부질없는 어미의 침묵의 행위
미안하위 오직 내 자신에 대한
불만이었음을 알아주기 바라네

오랜 긴 세월 살다 보니
매사 작아지는 자신이 때론 소외감
허무감에 젖어 드는 늙은 어미의 심정

내 사랑하는 딸 성희야
내 사랑하는 며느리 현영아
자책 말아다오 너희들 잘못이 아냐

먼 거리 달려와 용서를 비는 큰딸
전화선에 실려온 "어머니 저희들이
잘해드릴게요" 하는 며느리
눈물까지 흘리게 한 그저 송구하위

어질고 착한 천사표 우리 가족
사랑하오 많이많이 사랑하오
행여 서운함이 있다면
이 어미의 글을 읽는 순간
모두 멀리 날려 보내기를 바라오

임인년 호랑이의 활기찬 기를 받아
더욱 즐겁게 새해를 맞이할 것을 부탁하오
화목한 가정생활로 거듭나기를

                2022년 1월 21일(금) 인터컨티넨탈 호텔에서

5부 가족의 글

2020년 가족 사진

나이가 들어가니

아들 최성주

어머니, 7번째 책 출판 축하드립니다
평생을 멋쟁이 소리 들으며 살아오신 어머니
미에 관심이 많아 늘 강조하시는 한마디
"옷과 헤어스타일을 단정하게 해라"

오늘도 우리 부부는 외출 전
옷과 머리가 괜찮은지
거울을 다시 들여다봅니다
나이가 들어가니 늘 단정하신 어머니가
더욱 존경스럽습니다

오늘은 제 사무실에
아들놈이 놀러왔습니다
들뜬 제가 묻습니다 "뭐 먹을까?
갈비탕 초밥 비빔밥 중 골라"
생전에 아버지가 그러셨습니다

짬을 내어 아버지 사무실에 놀러가면
꼬깃꼬깃 손수 작성하신
메뉴 목록을 주며 네가 골라라 하셨습니다
저도 이제 나이가 들어가니
아버지 어머니를 꼭 닮아 가고 있습니다

멋진 인생

첫째 사위 박성근

人生
우리는 한 번쯤 본연의 業을 떠나
멋진 인생을 꿈꾸어 봅니다
삶의 고단함 속에서도 이루지 못한
꿈에 대한 미련을 되새기며 살아갑니다
하지만, 많은 사람들이 그러하듯
언제나 꿈으로만 꿈을 꾸고
꿈으로 끝을 냅니다

37年生으로 태어나신 어머니는
꽃과 소나무를 사랑하며
시와 노래의 정서가 풍부한 소녀였습니다
우리의 史가 그러하듯 당신의
바램 또한 순탄치만은 않았을 것입니다.

凡人들은 꿈으로만 간직하고,
매번 시작하려 하고 그저 꿈으로 끝을 맺지만

당신은 묵묵히 인고의 세월을 이겨 내며
작가의 꿈을 성취하셨습니다

어머니의 서재에 들어서면 한 권 두 권 눈으로 셀 수 없을 정도의 수많은 도서와 습작을 위해 쓰셨던 펜들이 수북이 쌓여 있는 모습은 보는 이로 하여금 경탄을 자아내게 합니다

2002년 등단하여 여섯 권의 시와 수필집을
출간하셨습니다
한 자 한 자에 어머님의 삶이 녹아 있고
한 권 한 권에 어머님의 인생이 담겨 있습니다
凡人은 이루질 못할 성취이며
도전일 것입니다
2022년 일곱 번째 책을 출간하시는
멋진 인생에 경의를 표하며 박수를 보냅니다

더 건강하고 더 행복하셔요

　　　　　　　　　　　　　　　　　　　큰딸 최성희

위암 수술 후 빈약해진 몸으로
꾸준히 글을 써 오신 울 엄마
일곱 번째 책 출간 축하합니다

아버지 떠나신 후 더욱 지쳐 버린 울 엄마
바삭바삭 더욱 가벼워진 몸
기운 없어 잘 걷지 못하는 안타까움
보약을 지어 드릴 생각에
용하다는 한의원을 찾아갔다

진단 결과 한의사는 고개를 절레절레
몸에 기가 다 빠져나가
보약은 무리라며 어느 정도 몸이 받쳐줘야
보약을 먹는 거라고 그는 말했다

이 상태에서 보약을 드시면

체에 물 빠져 나가듯
다 빠져버린다고 한의사는 말했다

그런 체력으로 아버지에 대한
그리움 외로움 슬픔
고스란히 글로 담아내시며
몸과 마음을 치유 받으신 장한 울 엄마

엄마 나이 60에 어렵게 시작한 문학이
결국 엄마를 살렸다는 생각을
지울 수가 없습니다
고생 많으셨습니다 울 엄마 파이팅!
엄마 사랑해요 더더욱 건강하십시오

초보 늙어 가는 세대의 신호등

둘째 사위 김진태

나이가 60즈음 되니까 거울에 비친 나의 모습에서 추억이 덧쓰여진 어색함이 든다.

불과 반년 전인 동짓달 깜깜하고 스산한 날씨에도 우연히 비쳐진 나의 모습은 5월의 맑디맑은 연못에 비추인 모양으로 바로 "나"구나 라고 인식되었는데 햇살마저 좋은 요즘에 비추어진 나의 모습은 윤동주 시인의 표현처럼 "파란 녹이 낀 구리거울 속의" 이방인처럼 느껴지는 것은 나이 외에는 다른 원인이 있어 보이지 않기에 더욱 그러하다.

이처럼 대부분의 사람들은 나이가 들면서 흔히 나타나는 현상으로 인식하고 스스로에게 미래보다는 과거와 회상에 매이게 하여 그저 추억만 그리워하며 그냥 늙어지는 생활도 있겠지만, 뭔가 계기를 찾아 후반을 준비하고 실행하는 삶은 늙어서도 건강한 자아를 유지하며 폼나고 설레는 노년기를 맞이할 것이다.

70에 가까운 60대 후반 인생의 먼 지점에서, 새로이 글쓰기를 공부하고, 대학교 문학 강좌를 수강하며, 기라성 같은 한국 문단의 유수의 인사들과 교류하면서 마치 향수를 만드는 조

향사같이 짙은 본인만의 글의 향을 지금도 다듬는데 게으르지 않은 장모님이 7번째 책을 내신다. 첫 번째, 두 번째까지는 우리 같은 사람들도 할 수 있다고 애써 자기해석을 하지만 7번째 발간은 요즘 젊은이들 표현으로 "찐이야"다. 평생 원고지 10매 쓰는 것도 범부에게는 고된 정신적 노역이거늘, 그것도 책을 7번 출간하는 것은 보통 일이 아닐진대 더욱 놀라운 것은 인생의 후반기에 시작을 하여 배우고, 고민하고, 경험을 정리하여 글에 굶주린 사람마냥 작품 활동을 해왔으며 짧은 세월에 자신만의 글의 향기를 완성하였다는 것이 존경스러울 뿐이다. 지금 우리에게 보여주는 장모님 인생 후반기의 채색은 나와 같은 초보 늙어가는 세대에게 신호등 같은 싸인이다.

우리는 무의식이건 아니건 간에, 인생을 자기 자신을 찾기 위한 긴 여정이라고 수사적으로 표현하곤 했다. 그런데, 어머님의 그간의 여정은 우리에게 "자아는 찾아지는 것이 아니라 만들어지는 것임을 실천으로써 알려 준다." 나와 같이 초보 늙은 세대에 진입하는 우리에게는 큰 교훈임을 알게 한다.

엄마의 일곱 번째 책 출간

작은딸 최성현

오랜 세월 글을 써 오셨고
처음 엄마의 글솜씨를 알아보고
문화센터에 등록을 해 준 새언니에게도
새삼 고맙다는 인사 전합니다

친구가 밥 한 끼를 사 줘도
고맙다고 전하면서 부모님껜
감정 표현에 너무 인색한 거 같아 죄송스럽네요

제가 힘들었을 때도
사랑과 이해로 저희 부부에게
버팀목이 되어 주신 우리 엄마
정말 감사드립니다
늘 깔끔하고 단정하신 옷차림과 머리 손질
늦게 시작한 문학 수업에도
많은 어려움과 두려움이 있으셨을 텐데도
끈질긴 노력과 열정으로

잘 극복하신 점 존경스럽습니다

일곱 번째 책 출간 축하드립니다
앞으로도 건강한 모습으로
삼남매의 행복하고 화목하게 살아가는 모습
오래오래 지켜봐 주세요

감사합니다. 엄마 사랑합니다

일곱 번째 책 출간을 축하드립니다

며느리 김현영

어머님께서는 사람들이 세상에 나와 한 권의 책도 내기 어려운데 일곱 권째 책을 내셨습니다.
살아오신 시간을 일곱 권에 담아 남기시니 성공하신 삶이라고 생각합니다.

그 책 안에는 누구보다도 열심히 살아오신 모습과 자손들에 대한 특별한 사랑, 아버님에 대한 사랑과 그리움이 담겨 있습니다. 언제나 무슨 일이 닥쳐도 꿋꿋하게 의지로 이겨 내시니 앞으로 자식들은 살아가면서 그런 어머님의 모습을 본받을 것입니다.

쉬운 일이 아닌데 일상을 늘 기록하시고 교훈을 생각하시고 그것으로 어머님 자신을 성장시키고 집안을 바르게 이끄시는 모습, 늘 존경합니다.

행운의 숫자 7을 좋아하시는데 책을 일곱 권을 내시니 정말 축하할 일입니다.

앞으로도 더욱 건강하시고 행복하시길 축원드립니다.

내 삶의 후반전

초판 1쇄 인쇄 · 2022년 07월 12일
초판 1쇄 발행 · 2022년 07월 15일

지은이 · 정기숙
발행인 · 김현영
발행처 · 툴박스(toolbox publisher)
출판등록 · 제 2018-000097호
문의전화 · 0507-1303-2453
FAX · 031-607-2453
이메일 · toolbox77@naver.com
툴박스 카페 · https://cafe.never.com/toolbox77
일러스트, 디자인 · 김현영

값 10,000원
ISBN 979-11-961442-6-5 (03810)

·잘못된 책은 바꿔드립니다.
·이 책의 전부 또는 일부 내용을 사용하시려면 사전에 저작권자와 툴박스 출판사의 동의를 받아야 합니다.